RECETTES À
L'EXTRACTEUR
DE JUS

Clémence Roquefort

RECETTES À L'EXTRACTEUR DE JUS

Photographies d'Amandine Honegger

Stylisme de Sylvie Rost

LAROUSSE

21, rue du Montparnasse 75283 Paris Cedex 06

Sommaire

Avec l'extracteur de jus, faites le plein de vitamines et de saveurs !

Un jus aux vertus santé indéniables

L'extracteur de jus, ou ***juicer***, fait son apparition sur les plans de travail des amateurs de cuisine saine. C'est l'appareil indispensable si vous souhaitez consommer chaque jour de nombreux fruits et légumes tout en conservant leurs vertus.

En effet, l'extracteur de jus écrase tout en douceur les aliments afin d'en extraire le jus par simple pression. Ainsi, les fruits et légumes ne sont pas du tout échauffés et conservent toutes leurs qualités : vitamines, oligo-éléments et minéraux sont préservés.

C'est son principal avantage face à une simple centrifugeuse ou un blender : grâce à la très faible rotation de sa vis sans fin, le jus ne s'oxyde pas et conserve ses vitamines plus longtemps que le jus extrait à l'aide d'une centrifugeuse.

Pour un rendement maximum et un jus riche en goût

Vous verrez que grâce à l'extracteur de jus, vous obtiendrez un jus concentré, riche en goût et en vitamines et dépourvu de fibres. Son rendement est de 10 à 30 % plus important que celui d'une centrifugeuse : il peut suffire de deux fruits ou légumes pour remplir un verre de jus car tout ce qu'il est possible d'extraire des aliments est récupéré grâce à une pression maximum. Vous verrez donc sortir

d'un côté un délicieux jus et de l'autre une pulpe très sèche (recyclez cette pulpe au compost ou utilisez-la dans des recettes de galettes de légumes, pancakes, etc. également proposées dans cet ouvrage). Presque tous les fruits et légumes sont susceptibles de passer à l'extracteur : pomme, poire, orange, citron, papaye, fruit de la Passion, mais aussi concombre, épinard, carotte, potiron ou encore radis noir, les combinaisons sont infinies !

Des recettes réalisables avec tous les extracteurs de jus

Dans ce livre, vous trouverez 140 recettes de jus, de nectars mais également de laits végétaux et de plats à réaliser avec la pulpe des jus. Toutes les recettes ont été élaborées et testées avec l'extracteur de jus vertical Oméga VRT 402 mais sont réalisables avec des appareils de n'importe quelle marque, vous aurez simplement un rendement plus ou moins important selon les extracteurs.

Quelques conseils d'utilisation

Pour obtenir le maximum de jus, découpez vos fruits et légumes en morceaux et passez-les en alternance dans l'extracteur, vous obtiendrez ainsi un effet d'entraînement. Comptez environ 300 g de fruits et légumes pour un verre de 20 à 25 cl.

Les jus de fruits sont certes délicieux mais n'oubliez pas d'y incorporer des légumes pour des boissons plus saines et pleines de minéraux. Une poignée d'épinards ou quelques feuilles de chou kale font souvent l'affaire !

Si vous décidez de tester vos propres mélanges, soyez prudents et commencez par des jus à trois ingrédients. Au fur et à mesure de vos essais, vous pourrez incorporer de plus en plus d'ingrédients.- Nettoyez votre extracteur tout de suite après utilisation, cela ira bien plus vite car la pulpe n'aura pas eu le temps de sécher. Démontez-le et rincez chaque pièce à l'eau claire en vous servant de la petite brosse pour les endroits les plus inaccessibles.

Juicers

Printemps

Jus de pomme, fraise et rhubarbe

GOURMAND

PRÉPARATION 00:05

POUR 1 GRAND VERRE

2 branches de rhubarbe

2 pommes

50 g de fraises

Coupez la rhubarbe en petits tronçons et les pommes en quartiers.

Lavez et équeutez les fraises.

Passez le tout à l'extracteur de jus en les alternant.

La rhubarbe étant très fibreuse, mieux vaut privilégier les petits morceaux.

Jus printanier de petit pois, fenouil et menthe

RAFRAÎCHISSANT

PRÉPARATION 00:05

POUR 1 GRAND VERRE

3 gousses de petits pois
1/2 bulbe de fenouil
1 pomme
3 feuilles de menthe

Écossez les petits pois, coupez le fenouil et la pomme en morceaux.

Passez-les à l'extracteur de jus avec les feuilles de menthe.

Terminez par les cosses de petits pois.

Le fenouil offre une belle concentration de vitamines A, B et C, de sels minéraux (dont du potassium et du magnésium) et oligo-éléments (fer, zinc).

Cocktail de fruits rouges au thé vert

RAFRAÎCHISSANT

PRÉPARATION 00:05

POUR 1 GRAND VERRE

1/2 cuill. à café de thé vert
15 cl d'eau frémissante
50 g de cerises
50 g de fraises
50 g de framboises

Déposez le thé vert dans un bol.

Versez dessus l'eau frémissante et laissez infuser 3 minutes.

Filtrez et laissez refroidir.

Dénoyautez les cerises, lavez et équeutez les fraises.

Passez tous les fruits à l'extracteur de jus en terminant par le thé vert refroidi.

Dégustez bien frais.

Si vous n'aimez pas le thé vert, vous pouvez parfaitement le remplacer par un thé noir (type darjeeling) ou blanc.

Jus de laitue, carotte, orange et céleri

DÉTOX

PRÉPARATION 00:05

POUR 1 GRAND VERRE

1 carotte

1 branche de céleri

1 orange

1 tête de laitue

Coupez la carotte et le céleri en tronçons, puis épluchez l'orange.

Passez tous les fruits et légumes à l'extracteur de jus en les alternant.

Pour un cocktail aux couleurs éclatantes, n'hésitez pas à utiliser une orange sanguine.

Jus de fanes de radis

DÉTOX

PRÉPARATION 00:05

POUR 1 GRAND VERRE

1 botte de fanes de radis
1 pomme
1 carotte
1/2 citron

Lavez bien les fanes de radis, puis passez-les à l'essoreuse à salade.

Coupez la pomme et la carotte en morceaux.

Passez les fanes à l'extracteur de jus en alternant avec la pomme, la carotte et le citron (non épluché).

Remplacez la carotte par un quart de concombre, qui se marie également très bien aux fanes de radis.

Jus de cerise, betterave et citron vert

DÉTOX

PRÉPARATION 00:05

POUR 1 GRAND VERRE

1/2 betterave
1 citron vert
1 poignée de cerises
3 feuilles de menthe

Épluchez la betterave et le citron vert, puis coupez-les en morceaux.

Dénoyautez les cerises.

Passez le tout à l'extracteur de jus en alternant avec les feuilles de menthe.

Vous pouvez remplacer les cerises par environ 100 g de framboises fraîches.

Jus de concombre et radis rose

RAFRAÎCHISSANT

PRÉPARATION 00:05

POUR 1 GRAND VERRE

1 concombre
1/4 de bulbe de fenouil
5 radis
1/4 de citron

Coupez le concombre et le fenouil en morceaux.

Passez-les à l'extracteur de jus en alternant avec les radis et le citron (non épluché).

Vous pouvez remplacer le fenouil par une branche de céleri, qui apportera une agréable saveur salée.

Jus vert de laitue et brocoli

DÉTOX

PRÉPARATION 00:05

POUR 1 GRAND VERRE

1 poignée de feuilles de laitue

50 g de brocoli

1/2 citron vert

1 pomme Granny Smith

Lavez les feuilles de laitue et coupez le brocoli en fleurettes.

Épluchez le citron vert et coupez-le avec la pomme en morceaux.

Passez le tout à l'extracteur de jus pour obtenir un délicieux jus vert.

Le brocoli est une excellente source de vitamines C, K et B9, apporte de nombreux minéraux et oligo-éléments, ainsi que des composés soufrés, aux effets protecteurs contre certains cancers.

Jus de banane et kiwi

ÉNERGÉTIQUE

PRÉPARATION 00:05

POUR 1 GRAND VERRE

1 banane
2 kiwis
10 cl d'eau

Installez le tamis à gros trous sur l'extracteur de jus.

Épluchez la banane et les kiwis, puis coupez-les en morceaux.

Commencez par passer la banane, puis les kiwis à l'extracteur de jus.

Ajoutez ensuite l'eau.

Si le jus vous semble trop épais, n'hésitez pas à rajouter un peu d'eau fraîche ou quelques glaçons.

Jus de citron, miel et curcuma

ÉNERGÉTIQUE

PRÉPARATION 00:05

POUR 1 GRAND VERRE

2 citrons
1 orange
2 cm de curcuma frais
1/2 cuill. à café de miel

Épluchez les citrons, l'orange et le curcuma.

Passez le tout à l'extracteur de jus en les alternant.

Ajoutez le miel au jus obtenu.

Dégustez bien frais.

Vous aimez les saveurs un peu épicées, remplacez le curcuma par un petit morceau de gingembre frais.

Jus de pomme et radis noir

DÉTOX

PRÉPARATION 00:05

POUR 1 GRAND VERRE

1/2 radis noir

2 pommes

1 carotte

Épluchez le radis noir et coupez-le en morceaux.

Coupez les pommes en quartiers et la carotte en tronçons.

Passez le tout à l'extracteur de jus.

Bien connu pour ses propriétés antibactériennes, le radis noir a des effets bénéfiques sur le système digestif et s'avère un excellent anti-fatigue grâce à sa bonne teneur en vitamine C.

Jus d'asperge, concombre et carotte

DÉTOX

PRÉPARATION 00:05

POUR 1 GRAND VERRE

1/2 concombre

1 carotte

6 asperges

Coupez le concombre et la carotte en tronçons.

Passez-les à l'extracteur de jus en alternant avec les asperges entières.

Choisissez des asperges bien droites, lisses et fermes, avec un bourgeon aux écailles serrées. Optez de préférence pour des asperges fines, plus tendres et délicates.

Nectar d'avocat et kiwi

GOURMAND

PRÉPARATION 00:05

POUR 1 GRAND VERRE

1 avocat
1 kiwi
10 cl de lait d'amande (voir p. 192)

Installez le tamis à gros trous sur l'extracteur de jus.

Épluchez l'avocat et le kiwi, puis passez-les à l'extracteur de jus.

Terminez par le lait d'amande.

On trouve aujourd'hui des avocats surgelés, très pratiques pour avoir toujours des avocats mûrs à point !

Jus de radis rose et betterave

DÉTOX

PRÉPARATION 00:05

POUR 1 GRAND VERRE

4 radis
1/4 de betterave
1 orange
2 carottes

Lavez les radis, épluchez la betterave et l'orange.

Coupez-les en morceaux ainsi que les carottes.

Passez le tout à l'extracteur de jus.

Attention, la betterave tache les mains ! Pensez à vous munir de gants lorsque vous la manipulez.

Jus d'orange, rhubarbe et basilic

DÉTOX

PRÉPARATION 00:05

POUR 1 GRAND VERRE

2 branches de rhubarbe

1 orange

5 feuilles de basilic

Coupez la rhubarbe en tronçons.

Épluchez l'orange et coupez-la en morceaux.

Passez le tout à l'extracteur de jus en alternant avec le basilic.

La rhubarbe étant un aliment très riche en fibres, il est préférable de la découper en petits morceaux et de la mettre en dernier dans ll'extracteur de jus, pour ne pas obstruer l'appareil.

Très bien pourvue en fibres (qui garantissent un bon confort intestinal), la rhubarbe figure également parmi les fruits les plus riches en calcium.

Jus de chou blanc, pomme et carotte

DÉTOX

PRÉPARATION 00:05

POUR 1 GRAND VERRE

100 g de chou blanc
1 pomme
1 carotte

Coupez le chou blanc, la pomme et la carotte en morceaux.

Passez le tout à l'extracteur de jus en les alternant.

Riche en nutriments et peu calorique, le jus de chou possède des propriétés anti bactériennes et est réputé soulager les maux d'estomac.

Jus de fanes de carottes

DÉTOX

PRÉPARATION 00:05

POUR 1 GRAND VERRE

1 poignée de fanes de carottes

2 carottes

1 cm de gingembre frais

1/4 de citron

Lavez bien les fanes de carottes.

Coupez les carottes en tronçons et pelez le gingembre.

Passez le tout à l'extracteur de jus avec le citron (non épluché).

Vous pouvez remplacer une carotte par une orange à jus, qui apportera une délicate note douce et sucrée.

Jus de radis, chou rouge et pomme

DÉTOX

PRÉPARATION 00:05

POUR 1 GRAND VERRE

100 g de radis
1/2 chou rouge
1 pomme

Lavez les radis et coupez le chou rouge et la pomme en morceaux.

Passez le tout à l'extracteur de jus.

Riche en fibres, le chou rouge apporte de belles quantités de vitamines C et B9, ainsi que du potassium.

Jus de légumes racines

DÉTOX

PRÉPARATION 00:05

POUR 1 GRAND VERRE

1/2 betterave crue

1/2 radis noir

1 citron

1/2 bulbe de fenouil

1 pomme

Épluchez la betterave, le radis noir et le citron.

Coupez-les en morceaux ainsi que le fenouil et la pomme.

Passez le tout à l'extracteur de jus.

Relativement énergétique (environ 40 kcal aux 100 g), la betterave renferme des vitamines B et C et de nombreux flavonoïdes, antioxydants responsables de sa jolie couleur rouge.

Nectar de fruits rouges

GOURMAND

PRÉPARATION 00:05

POUR 1 GRAND VERRE

50 g de fraises
30 g de groseilles
50 g de framboises

Installez le tamis à gros trous sur l'extracteur de jus.

Lavez les fraises et équeutez-les.

Égrainez les groseilles.

Passez le tout à l'extracteur de jus avec les framboises.

Si votre nectar vous semble trop épais, n'hésitez pas à ajouter un peu d'eau fraîche.

Jus de chou rouge, pomme et gingembre

DÉTOX

PRÉPARATION 00:05

POUR 1 GRAND VERRE

1/4 de chou rouge
2 pommes
1 cm de gingembre frais

Coupez le chou rouge et les pommes en morceaux.

Pelez le gingembre.

Passez le tout à l'extracteur de jus en les alternant.

Si vous souhaitez une saveur un peu plus sucrée, vous pouvez remplacer les pommes par une orange et une carotte.

Jus de fruits rouges et épinard

DÉTOX

PRÉPARATION 00:05

POUR 1 GRAND VERRE

5 fraises
1 poignée de cerises
50 g de groseilles
50 g d'épinards frais
5 cl d'eau

Lavez et équeutez les fraises, dénoyautez les cerises, égrainez les groseilles.

Lavez bien les épinards.

Passez le tout à l'extracteur de jus en les alternant.

Terminez par l'eau.

Pour éviter que les fraises ne se gorgent d'eau, rincez-les avant de les équeuter.

Jus de cresson

RAFRAÎCHISSANT

PRÉPARATION 00:05

POUR 1 GRAND VERRE

2 poignées de cresson

1/2 concombre

1 citron

Lavez le cresson, coupez le concombre en morceaux et épluchez le citron.

Passez le tout à l'extracteur de jus en les alternant.

Dégustez bien frais.

D'un faible apport calorique, le cresson est bourré d'atouts nutritionnels et apporte notamment des vitamines C et B9, ainsi que du potassium.

Nectar d'avocat, concombre et coriandre

RAFRAÎCHISSANT

PRÉPARATION 00:05

POUR 1 GRAND VERRE

1 avocat

1/2 citron vert

1 concombre

Quelques brins de coriandre

10 cl d'eau

Sel et poivre

Installez le tamis à gros trous sur l'extracteur de jus.

Épluchez l'avocat et ôtez le noyau, puis épluchez le citron vert.

Passez l'avocat à l'extracteur de jus, puis le concombre, le citron vert et la coriandre.

Versez l'eau, salez et poivrez.

Si le jus obtenu est trop pulpeux, n'hésitez pas à le filtrer.

Jus d'herbe

DÉTOX

PRÉPARATION 00:03

POUR 1 VERRE

50 g d'herbe de blé

Passez l'herbe de blé à l'extracteur de jus.

Pour obtenir un jus idéal, le mieux est de faire vous-même pousser votre herbe de blé dans un germoir (elle atteint sa maturité en environ 10 jours).

Jus d'épinard et pamplemousse

DÉTOX

PRÉPARATION 00:05

POUR 1 GRAND VERRE

100 g d'épinards frais
1 pamplemousse
1 cm de gingembre frais

Lavez bien les épinards et épluchez le pamplemousse et le gingembre.

Passez le tout à l'extracteur de jus en les alternant.

Légume bien-être par excellence, l'épinard apporte des vitamines B et C ainsi que de nombreux minéraux. Il est cependant beaucoup moins doté en fer que ne le prétend la légende.

Cocktail de pomme, kiwi et épinard

DÉTOX

PRÉPARATION 00:05

POUR 1 GRAND VERRE

1 pomme
2 kiwis
50 g d'épinards frais
5 cl d'eau

Coupez la pomme en quartiers, épluchez les kiwis et lavez bien les épinards.

Passez les épinards à l'extracteur de jus, puis les kiwis et enfin la pomme.

Terminez par l'eau.

Si le mélange est trop épais, n'hésitez pas à ajouter encore un peu d'eau.

Jus de persil

DÉTOX

PRÉPARATION 00:03

POUR 1 VERRE

1 petit bouquet de persil

Passez le persil à l'extracteur de jus.

Vous obtenez ainsi un jus très fort en goût, riche en vitamine C, en potassium en en fer. N'en buvez surtout pas un verre entier ! Consommez-le plutôt à raison de 1 ou 2 cuill. à soupe avant chaque repas.

Jus de concombre, laitue, pomme et radis noir

DÉTOX

PRÉPARATION 00:05

POUR 1 GRAND VERRE

1 concombre
2 pommes
1/4 de radis noir
1 poignée de feuilles de laitue

Coupez le concombre et les pommes en morceaux.

Épluchez le radis noir et lavez les feuilles de laitue.

Passez le tout à l'extracteur de jus en les alternant.

Vous pouvez remplacer la laitue par la même quantité de pousses d'épinards.

Jus d'épinard, orange et curcuma

DÉTOX

PRÉPARATION 00:05

POUR 1 GRAND VERRE

50 g d'épinards frais

1 grosse orange (ou 2 petites)

2 cm de curcuma frais

1/4 de citron

Lavez bien les épinards et épluchez l'orange et le curcuma.

Passez-les à l'extracteur avec le citron (non épluché) en commençant par les épinards.

Épice aux 1 000 vertus, le curcuma est notamment riche en antioxydants qui préviendraient l'apparition de certains cancers.

Jus vert de concombre, fenouil et céleri

RAFRAÎCHISSANT

PRÉPARATION 00:05

POUR 1 GRAND VERRE

1/2 concombre
1/2 bulbe de fenouil
1 branche de céleri
1 cm de gingembre frais
3 feuilles de menthe

Coupez le concombre, le fenouil et le céleri en morceaux.

Pelez le gingembre.

Passez le tout à l'extracteur de jus en alternant avec les feuilles de menthe.

Principalement composé d'eau, le concombre est très désaltérant et peu calorique. Il renferme des vitamines B et C et de nombreux minéraux, dont du potassium et du phosphore.

Jus de betterave, grenade, citron et persil

DÉTOX

PRÉPARATION 00:05

POUR 1 GRAND VERRE

1 betterave
1/2 grenade
1 citron
2 brins de persil

Épluchez la betterave et coupez-la en morceaux.

Prélevez les graines de grenade et épluchez le citron.

Passez le tout à l'extracteur de jus en alternant avec le persil.

Très bien pourvue en vitamine C, la grenade renferme des polyphénols, qui aident à lutter contre les radicaux libres, responsables du vieillissement prématuré de la peau et des cancers.

Jus de canneberge, fraise, framboise et basilic

RAFRAÎCHISSANT

PRÉPARATION 00:05

POUR 1 GRAND VERRE

50 g de canneberges surgelées
50 g de fraises
1 orange
50 g de framboises
5 feuilles de basilic

Sortez les canneberges du congélateur quelques heures avant de réaliser le jus.

Lavez et équeutez les fraises.

Épluchez l'orange et coupez-la en morceaux.

Passez le tout à l'extracteur de jus en alternant les fruits rouges et les feuilles de basilic.

Terminez par l'orange.

Vous pouvez remplacer le basilic par des feuilles de menthe fraîche.

Jus de fraise au thé matcha

GOURMAND

PRÉPARATION 00:05

POUR 1 GRAND VERRE

150 g de fraises
1 orange
1/2 cuill. à café de thé matcha en poudre

Lavez et équeutez les fraises.

Épluchez l'orange.

Passez le tout à l'extracteur de jus.

Mélangez le thé matcha en poudre au jus obtenu.

La fraise est l'un des fruits les plus riches en vitamine C. Une seule portion de 150 g suffit à couvrir l'apport journalier recommandé.

Jus d'épinard aux herbes

DÉTOX

PRÉPARATION 00:05

POUR 1 GRAND VERRE

2 poignées d'épinards frais

2 brins de basilic

2 brins de coriandre

2 brins de menthe

1 pomme

1/2 citron vert

Lavez bien les épinards et les herbes.

Coupez la pomme en morceaux et épluchez le citron vert.

Passez-les à l'extracteur de jus en commençant par les épinards.

Terminez par la pomme.

Ce jus très peu calorique et rafraîchissant est un véritable cocktail de nutriments. Il apporte notamment de la vitamine C et de nombreux antioxydants.

Été

Jus d'abricot et Passion

GOURMAND

PRÉPARATION 00:05

POUR 1 GRAND VERRE

1 fruit de la Passion
4 abricots

Coupez le fruit de la Passion en deux et récupérez-en la pulpe à l'aide d'une cuillère.

Coupez les abricots en deux et ôtez le noyau.

Passez la pulpe à l'extracteur de jus en alternant avec les abricots.

Si vous craignez l'acidité de l'abricot et du fruit de la Passion, n'hésitez pas à ajouter 1 cuillerée de miel.

Jus de cerise et melon

GOURMAND

PRÉPARATION 00:05

POUR 1 GRAND VERRE

200 g de cerises

1/2 melon

Dénoyautez les cerises et coupez la chair du melon en morceaux.

Passez le tout à l'extracteur de jus en les alternant.

Modérément calorique, le melon est particulièrement riche en provitamine A (ou bêta-carotène) aux vertus antioxydantes avérées.

Jus de concombre et citron

DÉTOX

PRÉPARATION 00:05

POUR 1 GRAND VERRE

1 concombre

1/2 citron

Coupez le concombre en tronçons et le citron (non épluché) en morceaux.

Passez le tout à l'extracteur de jus.

Voici une recette très désaltérante et excellente pour la ligne, le concombre et le citron étant particulièrement peu caloriques.

Jus de tomate et carotte

ÉNERGÉTIQUE

PRÉPARATION 00:05

POUR 1 GRAND VERRE

2 tomates

2 carottes

Coupez les tomates en morceaux et les carottes en tronçons.

Passez le tout à l'extracteur de jus.

Pour faire un bon jus, optez pour des tomates bien juteuses. Évitez la cœur de bœuf ou la cornue, trop charnues, à la chair dense et manquant de jus.

Jus de pomme et mûre

DÉTOX

PRÉPARATION 00:05

POUR 1 GRAND VERRE

2 pommes

150 g de mûres

Coupez les pommes en morceaux.

Passez-les à l'extracteur de jus en alternant avec les mûres.

Très riche en vitamines C et E et en carotène, la mûre est un vrai cocktail d'antioxydants bénéfiques pour la santé.

Jus d'orange, abricot et ananas

ÉNERGÉTIQUE

PRÉPARATION 00:05

POUR 1 GRAND VERRE

2 oranges
4 abricots
60 g d'ananas

Épluchez les oranges et coupez-les en morceaux.

Coupez les abricots en deux et ôtez le noyau.

Pelez et coupez l'ananas en morceaux.

Passez le tout à l'extracteur de jus en les alternant.

Riche en fibres, l'ananas contient de la broméline, une substance qui facilite la digestion.

500

Jus de melon, orange et curcuma

DÉTOX

PRÉPARATION 00:05

POUR 1 GRAND VERRE

1/2 melon

2 oranges

1 cm de curcuma frais

Coupez la chair du melon en morceaux.

Épluchez les oranges et coupez-les en morceaux.

Pelez le curcuma.

Passez le tout à l'extracteur de jus.

Le melon est une très bonne source de provitamine A (carotène). Sachez que plus sa chair est orangée, plus il en contient.

Jus de roquette, concombre et coriandre

DÉTOX

PRÉPARATION 00:05

POUR 1 GRAND VERRE

2 poignées de roquette

1 concombre

1/4 de citron

3 brins de coriandre

Lavez la roquette, coupez le concombre en tronçons et épluchez le citron.

Passez le tout à l'extracteur de jus en alternant avec la coriandre.

La saveur un peu piquante de la roquette peut surprendre. Vous pouvez la remplacer par de la mâche, plus douce.

Jus d'ananas et fruits rouges

GOURMAND

PRÉPARATION 00:05

POUR 1 GRAND VERRE

1/2 ananas
150 g de fraises
100 g de framboises

Pelez et coupez l'ananas en morceaux.

Lavez et équeutez les fraises.

Passez le tout à l'extrateur de jus avec les framboises.

Les « yeux » de la chair d'ananas sont désagréables en bouche. Ôtez-les avec la pointe d'un couteau ou une cuillère à pomme parisienne.

Jus façon calisson

GOURMAND

PRÉPARATION 00:05

POUR 1 GRAND VERRE

1/2 melon
4 abricots
5 cl de lait d'amande (voir p. 192)
1 cuill. à café d'eau de fleur d'oranger

Coupez la chair du melon en morceaux et ôtez le noyau des abricots.

Passez-les à l'extracteur de jus en terminant par le lait d'amande.

Ajoutez la fleur d'oranger au jus obtenu.

Choisissez des abricots mûrs à point, charnus, légèrement souples sous la pression du doigt et bien parfumés.

Jus rouge au basilic

DÉTOX

PRÉPARATION 00:05

POUR 1 GRAND VERRE

100 g de myrtilles
100 g de cassis
2 brins de basilic
1 betterave

Lavez les myrtilles, les cassis et le basilic.

Épluchez la betterave et coupez-la en morceaux.

Passez le tout à l'extracteur de jus en les alternant.

Lavez votre extracteur tout de suite après avoir réalisé ce jus pour éviter que la betterave ne le colore.

Jus de nectarine et verveine

GOURMAND

PRÉPARATION 00:05

POUR 1 GRAND VERRE

3 nectarines
3 feuilles de verveine
5 cl d'eau

Installez le tamis à gros trous sur l'extracteur de jus.

Dénoyautez les nectarines.

Passez-les à l'extracteur de jus en alternant avec les feuilles de verveine.

Terminez par l'eau.

Vous pouvez ajouter un peu d'eau si le jus vous semble trop épais.

Cocktail de tomate, pastèque et menthe

RAFRAÎCHISSANT

PRÉPARATION 00:05

POUR 1 GRAND VERRE

3 tomates
1 tranche de pastèque
5 feuilles de menthe

Coupez les tomates et la chair de la pastèque en morceaux.

Passez-les à l'extracteur de jus en alternant avec les feuilles de menthe.

Dégustez bien frais.

Très juteuse et réhydratante, la pastèque est riche en vitamine C et renferme de belles quantités de potassium.

Jus de melon, framboise et Passion

GOURMAND

PRÉPARATION 00:05

POUR 1 GRAND VERRE

1/2 melon

1 fruit de la Passion

100 g de framboises

Coupez la chair du melon en morceaux.

Coupez le fruit de la Passion en deux et récupérez-en la pulpe à l'aide d'une cuillère.

Passez les framboises, la pulpe de fruit de la Passion à l'extracteur de jus, puis le melon.

Le fruit de la Passion est particulièrement riche en vitamine C et minéraux ; il apporte notamment du potassium en quantité importante, ainsi que du magnésium et du phosphore.

Nectar de fraise et banane

ÉNERGÉTIQUE

PRÉPARATION 00:05

POUR 1 GRAND VERRE

1 banane
40 g de fraises
10 cl d'eau

Installez le tamis à gros trous sur l'extracteur de jus.

Épluchez la banane, lavez et équeutez les fraises.

Passez le tout à l'extracteur de jus, puis terminez par l'eau.

Dégustez bien frais.

Riche en vitamine B, la banane se caractérise également par sa bonne teneur en minéraux, à commencer par le potassium et le magnésium.

Jus de nectarine, fraise et framboise GOURMAND

PRÉPARATION 00:05

POUR 1 GRAND VERRE

2 nectarines blanches

6 fraises

50 g de framboises

Coupez les nectarines en morceaux.

Lavez et équeutez les fraises.

Passez les fruits à l'extracteur de jus en commençant par les fraises et les framboises.

Terminez par les nectarines.

Si vous souhaitez éplucher les nectarines, plongez-les quelques secondes dans de l'eau frémissante. La peau s'ôtera alors très facilement.

Lait d'amande à la framboise

GOURMAND

PRÉPARATION 00:05
TREMPAGE 12:00

POUR 1 GRAND VERRE

50 g d'amandes
75 cl d'eau
100 g de framboises

Faites tremper les amandes toute une nuit dans de l'eau froide.

Égouttez-les.

Passez les amandes à l'extracteur de jus en même temps que l'eau en alternant avec les framboises.

Vous obtiendrez ainsi un lait d'amande au bon goût de framboise.

Jus de courgette, pomme et menthe

DÉTOX

PRÉPARATION 00:05

POUR 1 GRAND VERRE

2 courgettes
2 pommes
10 feuilles de menthe

Coupez les courgettes en morceaux et la pomme en quartiers.

Passez-les à l'extracteur de jus avec les feuilles de menthe.

Vous pouvez également réaliser cette recette en remplaçant les courgettes par un concombre.

jus

Jus de tomate et laitue

DÉTOX

PRÉPARATION 00:05

POUR 1 GRAND VERRE

3 tomates
1 cœur de laitue
1 citron

Coupez les tomates en morceaux.

Lavez le cœur de laitue et épluchez le citron.

Passez le tout à l'extracteur de jus en les alternant.

Très peu énergétique et riche en vitamines C et E, la tomate est aussi très bien pourvue en lycopène (qui lui donne sa couleur rouge), aux puissants effets antioxydants.

Jus de carotte et pêche

ÉNERGÉTIQUE

PRÉPARATION 00:05

POUR 1 GRAND VERRE

2 carottes
2 pêches
1/2 citron

Coupez les carottes en tronçons.

Ôtez le noyau des pêches et épluchez le citron.

Passez le tout à l'extracteur de jus en les alternant.

D'apport énergétique modéré, la pêche apporte de belles quantités de vitamine C mais aussi de provitamine A. Les variétés jaunes en contiennent près de deux fois plus que les blanches.

Jus de pomme, framboise et amande

GOURMAND

PRÉPARATION 00:05

POUR 1 GRAND VERRE

1 pomme
50 g de framboises
15 cl de lait d'amande (voir p. 92)

Coupez la pomme en quartiers.

Passez-la à l'extracteur de jus avec les framboises.

Terminez par le lait d'amande.

Vous pouvez remplacer les framboises par d'autres fruits rouges de votre choix (fraises ou cassis par exemple).

Jus de pastèque et myrtille

RAFRAÎCHISSANT

PRÉPARATION 00:05

POUR 1 GRAND VERRE

1 tranche de pastèque

150 g de myrtilles

Coupez la chair de la pastèque en morceaux.

Passez-la à l'extracteur de jus en alternant avec les myrtilles.

Dégustez bien frais.

Bien pourvue en fibres, la myrtille apporte de grandes quantités de flavonoïdes aux forts pouvoirs antioxydants.

Gaspacho

RAFRAÎCHISSANT

PRÉPARATION 00:10

POUR 1 GRAND VERRE

4 tomates
1 concombre
1 branche de céleri
1 poivron rouge
1/4 d'oignon blanc
1 petit bouquet de basilic
1/2 citron
Sel et poivre

Coupez les tomates, le concombre, le céleri et le poivron en morceaux.

Épluchez le citron.

Passez le tout à l'extracteur de jus en alternant avec le basilic et le citron.

Salez, poivrez et mélangez bien.

Pour un gaspacho encore plus savoureux, faites mariner les ingrédients coupés en morceaux avec un peu de sel et la moitié de l'huile la veille. Les saveurs en seront décuplées.

Nectar de banane et abricot

ÉNERGÉTIQUE

PRÉPARATION 00:05

POUR 1 GRAND VERRE

1 banane
3 abricots
10 cl d'eau

Installez le tamis à gros trous sur l'extracteur de jus.

Épluchez la banane et coupez les abricots en morceaux.

Passez la banane à l'extracteur de jus, puis les abricots.

Terminez par l'eau.

Verser de l'eau à la fin dilue le mélange et rend le jus moins épais.

Jus de pastèque, poivron et menthe

RAFRAÎCHISSANT

PRÉPARATION 00:05

POUR 1 GRAND VERRE

500 g de pastèque
1 poivron rouge
3 feuilles de menthe

Pelez la pastèque et coupez la chair en morceaux.

Épépinez le poivron et coupez-le en lamelles.

Passez le tout à l'extracteur de jus avec les feuilles de menthe.

Pour rendre le poivron plus digeste, vous pouvez le peler au préalable (à l'aide d'un économe ou après l'avoir passé sous le gril du four jusqu'à ce que la peau se boursoufle).

Jus de cerise, poire et fleur d'oranger

GOURMAND

PRÉPARATION 00:05

POUR 1 GRAND VERRE

200 g de cerises
2 poires
1 cuill. à café d'eau de fleur d'oranger

Dénoyautez les cerises et coupez les poires en morceaux.

Passez les fruits à l'extracteur de jus, puis ajoutez la fleur d'oranger au jus obtenu.

Remuez bien avant de déguster.

La cerise est le fruit rouge le plus calorique, mais il serait dommage de la délaisser car elle apporte entre autres de la vitamine C, de la provitamine A, du potassium et des fibres.

Jus de mangue, pêche et abricot

GOURMAND

PRÉPARATION 00:05

POUR 1 GRAND VERRE

1/2 mangue
2 pêches
1 abricot

Installez le tamis à gros trous sur l'extracteur de jus.

Épluchez la mangue et coupez-la en morceaux.

Coupez les pêches et l'abricot en morceaux.

Passez le tout à l'extracteur de jus.

Si le mélange est trop épais, n'hésitez pas à ajouter un peu d'eau fraîche.

Jus de pastèque, concombre, ananas et menthe

DÉTOX

PRÉPARATION 00:05

POUR 1 GRAND VERRE

1 tranche de pastèque
1/4 d'ananas
1/4 de concombre
10 feuilles de menthe

Pelez la pastèque et l'ananas, puis coupez-les en morceaux ainsi que le concombre.

Passez le tout à l'extracteur de jus en alternant avec les feuilles de menthe.

Idéal en été, ce jus est très désaltérant grâce à sa forte teneur en eau. Consommez-le bien frais !

Jus vert à l'ananas

DÉTOX

PRÉPARATION 00:05

POUR 1 GRAND VERRE

100 g de brocoli
1 concombre
50 g d'épinards frais
1 tranche d'ananas
1 citron

Coupez le brocoli en fleurettes et le concombre en tronçons.

Lavez bien les épinards et pelez l'ananas et le citron.

Passez le tout à l'extracteur de jus en les alternant.

L'ananas apporte à ce ***green juice*** une délicate saveur sucrée qui le rend plus gourmand tout en conservant ses vertus détoxifiantes.

Jus de tomate et basilic

DÉTOX

PRÉPARATION 00:05

POUR 1 GRAND VERRE

4 tomates
1/2 citron
1 brin de basilic

Coupez les tomates en morceaux et épluchez le citron.

Passez-les à l'extracteur de jus avec le basilic.

Récupérez la pulpe de ce jus, mélangez-la à 10 cl d'eau et faites-la chauffer à feu moyen avec 1 gousse d'ail pendant environ 10 minutes. Ajoutez 1 pincée de sucre, 1 pincée de sel et 1 cuillerée à soupe d'huile d'olive : vous obtiendrez ainsi une délicieuse sauce tomate.

tomate

Jus de betterave, myrtille et rose

DÉTOX

PRÉPARATION 00:05

POUR 1 GRAND VERRE

1/2 betterave
1 orange
100 g de myrtilles
1/2 cuill. à café d'eau de rose

Épluchez la betterave et l'orange, puis coupez-les en morceaux.

Passez-les à l'extracteur de jus en alternant avec les myrtilles.

Ajoutez l'eau de rose au jus obtenu et mélangez bien.

L'eau de rose a des vertus digestives, qui, combinées à la betterave, soulageront votre estomac.

Nectar d'avocat, tomate et basilic

GOURMAND

PRÉPARATION 00:05

POUR 1 GRAND VERRE

1 avocat

3 tomates

3 feuilles de basilic

Installez le tamis à gros trous sur l'extracteur de jus.

Épluchez l'avocat, ôtez le noyau et coupez-le en morceaux.

Coupez les tomates en morceaux.

Passez le tout à l'extracteur de jus en alternant avec le basilic.

Ajoutez un peu d'eau dans l'extracteur si le mélange vous semble trop épais.

Cocktail de fraise, concombre et basilic

RAFRAÎCHISSANT

PRÉPARATION 00:05

POUR 1 GRAND VERRE

10 fraises
1 concombre
10 feuilles de basilic

Lavez et équeutez les fraises.

Coupez le concombre en tronçons.

Passez le tout à l'extracteur de jus en alternant avec le basilic.

La peau du concombre a des vertus digestives. Pensez à la garder après avoir bien lavé le concombre.

Jus de pamplemousse, tomate et céleri

ÉNERGÉTIQUE

PRÉPARATION 00:05

POUR 1 GRAND VERRE

1 pamplemousse
2 tomates
1/2 branche de céleri
1 brin de persil

Épluchez le pamplemousse et coupez-le en morceaux ainsi que les tomates et le céleri.

Passez-les à l'extracteur de jus en alternant avec le persil.

Choisissez des tomates bien mûres.

Jus de concombre, brocoli et persil

DÉTOX

PRÉPARATION 00:05

POUR 1 GRAND VERRE

1/2 concombre

50 g de brocoli

1 cm de gingembre frais

1 brin de persil

Coupez le concombre en morceaux et le brocoli en fleurettes.

Passez-les à l'extracteur de jus avec le gingembre et le persil.

Le persil est un superaliment qui nous apporte des minéraux tels que le phosphore, le calcium et le fer ainsi que de la vitamine C et du bêta-carotène. Il est idéal pour renforcer le système immunitaire !

500
400
300
200

Jus de tomate, poivron et céleri

DÉTOX

PRÉPARATION 00:05

POUR 1 GRAND VERRE

4 tomates
1 poivron rouge
1 branche de céleri

Coupez les tomates et le poivron en morceaux, puis le céleri en tronçons.

Passez le tout à l'extracteur de jus en les alternant.

Ce jus a des vertus rassasiantes et est pauvre en calories. Il est idéal lors d'un régime minceur !

Jus de melon et concombre

DÉTOX

PRÉPARATION 00:05

POUR 1 GRAND VERRE

1/2 melon

1/2 citron

1 concombre

Pelez le melon et le citron.

Coupez le melon en morceaux et le concombre en tronçons.

Passez le tout à l'extracteur de jus en les alternant.

Grâce à leur teneur en potassium, le concombre et le melon sont des aliments diurétiques qui aident à lutter efficacement contre la rétention d'eau.

Galettes de légumes

PRÉPARATION 00:10
CUISSON 00:12

POUR 2 PERSONNES

200 g de pulpe de jus de courgette, pomme et menthe (voir p. 74)

1 œuf

2 cuill. à soupe de farine

1 cuill. à soupe de moutarde

20 g de comté râpé

Sel et poivre

Mélangez la pulpe du jus, l'œuf, la farine et la moutarde.

Incorporez le comté et assaisonnez.

Déposez des cuillerées de cette pâte dans une poêle huilée.

Faites cuire à feu moyen 3 minutes de chaque côté.

Ces galettes sucrées-salées sont délicieuses accompagnées d'une simple salade verte.

Cake aux légumes et aux noix

PRÉPARATION 00:15
CUISSON 00:40

POUR 6 PERSONNES

200 g de pulpe d'un jus de légume
150 g de farine
1 sachet de poudre à lever
2 œufs
8 cl d'huile d'olive
12 cl de lait
50 g de parmesan râpé
50 g de cerneaux de noix concassés

Préchauffez le four à 180 °C.

Dans un saladier, mélangez la pulpe du jus, la farine et la poudre à lever.

Incorporez petit à petit les œufs, l'huile d'olive et le lait, puis le parmesan et les noix.

Mélangez jusqu'à obtenir une pâte homogène.

Beurrez et farinez un moule à cake et versez-y la pâte.

Enfournez pour 40 minutes.

Laissez tiédir avant de démouler.

Le cake est cuit lorsque la pointe d'un couteau plantée au centre ressort sèche.

Automne

Nectar de poire et banane

ÉNERGÉTIQUE

PRÉPARATION 00:05

POUR 1 GRAND VERRE

1 banane
1 poire
10 cl d'eau

Installez le tamis à gros trous sur l'extracteur de jus.

Épluchez la banane et coupez la poire en morceaux.

Commencez par passer la banane à l'extracteur de jus, puis la poire.

Ajoutez ensuite l'eau.

Grâce à sa forte teneur en potassium, ce nectar favorise la concentration et l'apprentissage. Idéal en période d'examen !

BANANE - POIRE

Jus d'orange, chou, pomme et citron

ÉNERGÉTIQUE

PRÉPARATION 00:05

POUR 1 GRAND VERRE

1 orange
1 citron
1/4 de chou blanc
1 pomme

Épluchez l'orange et le citron.

Coupez le chou et la pomme en morceaux.

Passez le tout à l'extracteur de jus en les alternant.

Très riche en vitamine C, ce jus vous apportera l'énergie nécessaire pour tenir toute la journée !

Jus d'orange aux deux raisins

ÉNERGÉTIQUE

PRÉPARATION 00:05

POUR 1 GRAND VERRE

1 petite grappe de raisin noir

1 petite grappe de raisin blanc

1 orange

Égrainez les raisins noir et blanc.

Épluchez l'orange et coupez-la en morceaux.

Passez le tout à l'extracteur de jus en les alternant.

Attention aux pesticides sur le raisin ! Choisissez-le impérativement bio !

Jus de pomme, concombre et fenouil

DÉTOX

PRÉPARATION 00:05

POUR 1 GRAND VERRE

1 pomme Granny Smith

1/2 concombre

1/2 fenouil

Coupez la pomme, le concombre et le fenouil en morceaux.

Passez-les à l'extracteur de jus en les alternant.

Pour un jus plus fort, ajoutez un brin de persil.

Jus de mâche, figue et basilic

DÉTOX

PRÉPARATION 00:05

POUR 1 GRAND VERRE

2 poignées de mâche
5 figues
5 feuilles de basilic
5 cl d'eau

Lavez bien la mâche et coupez les figues en morceaux.

Passez le tout à l'extracteur de jus en alternant avec le basilic.

Terminez par l'eau.

Si le mélange vous semble trop épais, n'hésitez pas à ajouter un peu d'eau.

Jus de kale et poire

DÉTOX

PRÉPARATION 00:05

POUR 1 GRAND VERRE

3 feuilles de chou kale

3 poires

Lavez bien les feuilles de chou kale et coupez les poires en morceaux.

Passez le tout à l'extracteur de jus en commençant par le chou kale.

Préférez des poires bien mûres pour ce jus.

Jus de carotte, pomme et betterave DÉTOX

PRÉPARATION 00:05

POUR 1 GRAND VERRE

1 carotte

1 pomme

1/4 de betterave crue

Coupez la carotte en tronçons et la pomme en quartiers.

Épluchez la betterave.

Passez la carotte et la pomme à l'extracteur de jus, puis la betterave.

Lavez votre extracteur tout de suite après avoir réalisé ce jus pour éviter que la betterave ne le colore.

Jus de bette et pomme

DÉTOX

PRÉPARATION 00:05

POUR 1 GRAND VERRE

2 bettes (feuilles et côtes)

1 pomme

1/4 de citron

Lavez les bettes et coupez la pomme en morceaux.

Passez le tout à l'extracteur de jus avec le citron (non épluché).

Pour éviter le blocage de l'appareil, coupez les bettes en morceaux avant de les insérer.

Boisson aux amandes et aux figues

ÉNERGÉTIQUE

PRÉPARATION 00:05
TREMPAGE 12:00

POUR 1 GRAND VERRE

50 g d'amandes
100 g de figues
50 cl d'eau

Faites tremper les amandes toute une nuit dans de l'eau froide.

Égouttez-les.

Coupez les figues en deux.

Passez les amandes à l'extracteur de jus tout en versant l'eau et en incorporant les figues.

Pour une boisson express, vous pouvez utiliser du lait d'amande tout préparé en le versant dans l'extracteur en même temps que les figues.

Jus vert à la menthe

DÉTOX

PRÉPARATION 00:05

POUR 1 GRAND VERRE

1 courgette
1 pomme
50 g d'épinards frais
1/4 de citron
1 brin de menthe

Coupez la courgette et la pomme en morceaux.

Lavez bien les épinards et épluchez le citron.

Passez le tout à l'extracteur de jus avec les feuilles de menthe.

Ce jus très peu calorique est l'allié des régimes minceur. Avec son bon goût de menthe, il est également très rafraîchissant.

Cocktail de pomme carotte, gingembre et coco

GOURMAND

PRÉPARATION 00:05

POUR 1 GRAND VERRE

1 pomme
2 carottes
1 cm de gingembre frais
10 cl de lait de coco

Coupez la pomme et les carottes en morceaux.

Pelez le gingembre.

Passez le tout à l'extracteur de jus en terminant par le lait de coco.

Les saveurs de noix de coco et de gingembre apportent une touche délicieusement exotique à ce cocktail.

Jus mi-figue mi-raisin

ÉNERGÉTIQUE

PRÉPARATION 00:05

POUR 1 GRAND VERRE

10 figues

100 g de raisin noir

Coupez les figues en deux et égrainez le raisin.

Passez le tout à l'extracteur de jus en les alternant.

Ajoutez un peu d'eau fraîche si le jus vous semble trop épais.

Jus de pomme et raisin

DÉTOX

PRÉPARATION 00:05

POUR 1 GRAND VERRE

2 pommes
60 g de raisin vert
1/4 de citron

Coupez les pommes en quartiers et égrainez le raisin.

Passez le tout à l'extracteur de jus avec le citron (non épluché).

Prenez garde à utiliser un citron bio pour cette recette où le citron garde son écorce.

Jus de potiron et carotte aux épices

DÉTOX

PRÉPARATION 00:05

POUR 1 GRAND VERRE

200 g de potiron
4 carottes
1 cm de gingembre frais
1 pincée de cannelle
1 pincée de noix muscade
1 pincée de vanille en poudre

Épluchez le potiron et coupez la chair en morceaux.

Coupez les carottes en tronçons et pelez le gingembre.

Passez-les à l'extracteur de jus en les alternant.

Ajoutez la cannelle, la noix muscade et la vanille au jus obtenu.

Mélangez bien.

Combiné aux épices, le jus de potiron aide à renforcer vos défenses immunitaires. Et en plus, il est délicieux !

Jus de brocoli, raisin, kiwi et menthe

DÉTOX

PRÉPARATION 00:05

POUR 1 GRAND VERRE

50 g de brocoli
50 g de raisin blanc
2 kiwis
5 feuilles de menthe

Coupez le brocoli en fleurettes et égrainez le raisin.

Épluchez les kiwis et coupez-les en morceaux.

Passez le tout à l'extracteur de jus en alternant avec des feuilles de menthe.

La cuisson fait perdre une grande partie des bienfaits du brocoli. Ici, il est consommé cru et, combiné avec du raisin, des kiwis et de la menthe, c'est un vrai délice !

Jus de fenouil, orange, pomme et carotte

ÉNERGÉTIQUE

PRÉPARATION 00:05

POUR 1 GRAND VERRE

1/4 de bulbe de fenouil

1 pomme

1 carotte

1 orange

Coupez le fenouil, la pomme et la carotte en morceaux

Épluchez l'orange et coupez-la en quartiers.

Passez-les à l'extracteur de jus en les alternant.

Ce jus, en plus d'être bourré de vitamines, possède des vertus antioxydantes. À consommer sans modération !

Jus de potiron, pomme et orange

DÉTOX

PRÉPARATION 00:05

POUR 1 GRAND VERRE

1 tranche de potiron
1 orange
2 pommes

Épluchez le potiron et coupez la chair en morceaux.

Épluchez l'orange et coupez-la avec les pommes en morceaux.

Passez le tout à l'extracteur de jus en les alternant.

Ce jus est riche en bêta-carotène, un antioxydant qui peut jouer un rôle dans la prévention du cancer.

Jus de pomme, poire et cannelle

GOURMAND

PRÉPARATION 00:05

POUR 1 GRAND VERRE

2 pommes
2 poires
1 pincée de cannelle

Coupez les pommes et les poires en morceaux.

Passez-les en alternant à l'extracteur de jus.

Ajoutez la cannelle au jus obtenu et mélangez bien.

N'hésitez pas à ajouter une cuillerée à café de miel pour un jus encore plus gourmand.

Cocktail de potiron, orange et gingembre

DÉTOX

PRÉPARATION 00:05

POUR 1 GRAND VERRE

200 g de potiron

1 orange

1 cm de gingembre frais

Épluchez le potiron et coupez-le en morceaux.

Épluchez l'orange et le gingembre.

Passez le tout à l'extracteur de jus.

Vous pouvez mettre plus ou moins de gingembre selon vos goûts.

Jus de carotte, concombre et épinard

DÉTOX

PRÉPARATION 00:05

POUR 1 GRAND VERRE

50 g d'épinards frais
2 carottes
1 concombre
10 feuilles de menthe

Lavez bien les épinards et coupez les carottes et le concombre en tronçons.

Passez le tout à l'extracteur de jus en alternant avec les feuilles de menthe.

Le jus d'épinard nettoie et contribue à régénérer l'appareil intestinal. Ce jus est donc à consommer sans modération en cas de problèmes digestifs.

Jus de poire et prune

ÉNERGÉTIQUE

PRÉPARATION 00:05

POUR 1 GRAND VERRE

2 poires
8 prunes

Coupez les poires en morceaux et ôtez les noyaux des prunes.

Passez le tout à l'extracteur de jus en les alternant.

Si le jus est trop épais, n'hésitez pas à passer un peu d'eau fraîche dans l'extracteur ou bien une pomme coupée en quartiers.

Jus de betterave et concombre

DÉTOX

PRÉPARATION 00:05

POUR 1 GRAND VERRE

1 betterave
1/2 citron
1/2 concombre

Épluchez la betterave et le citron, puis coupez-les en morceaux.

Coupez le concombre en tronçons.

Passez le tout à l'extracteur de jus.

Lavez votre extracteur tout de suite après avoir réalisé ce jus pour éviter que la betterave ne le colore.

Cocktail de carotte, céleri, betterave et persil

DÉTOX

PRÉPARATION 00:05

POUR 1 GRAND VERRE

2 carottes
1 branche de céleri
1/2 betterave crue
2 brins de persil

Coupez les carottes et le céleri en tronçons.

Épluchez la betterave et coupez-la en morceaux.

Passez le tout à l'extracteur de jus en alternant avec le persil.

Si vous pouvez vous procurer des betteraves avec leurs feuilles, n'hésitez pas à passer ces dernières à l'extracteur, elles sont riches en minéraux et en vitamine C.

Jus de pomme, kale et céleri

DÉTOX

PRÉPARATION 00:05

POUR 1 GRAND VERRE

2 pommes
2 branches de céleri
1/2 citron
3 feuilles de chou kale

Coupez les pommes en morceaux et le céleri en tronçons.

Épluchez le citron.

Passez le tout à l'extracteur de jus en les alternant.

Pour éviter tout blocage de l'appareil, coupez les branches de chou kale en morceaux.

Nectar de banane et noisette

ÉNERGÉTIQUE

PRÉPARATION 00:05

POUR 1 GRAND VERRE

1 banane
20 cl de lait de noisette (voir p. 191)

Installez le tamis à gros trous sur l'extracteur de jus.

Épluchez la banane.

Passez-la à l'extracteur de jus.

Versez le lait de noisette dans l'extracteur pour obtenir une boisson onctueuse.

Ce délicieux nectar est idéal après le sport ou pour un petit-déjeuner énergétique.

Jus de pomme, poire et pruneau

ÉNERGÉTIQUE

PRÉPARATION 00:05

POUR 1 GRAND VERRE

2 pommes
1 poire
5 pruneaux

Coupez les pommes et la poire en quartiers, puis ôtez les noyaux des pruneaux.

Passez le tout à l'extracteur de jus en les alternant.

Ajoutez un peu de cannelle pour un jus au bon goût d'automne qui soignera vos problèmes de digestion.

Jus de mûre, poire et raisin

DÉTOX

PRÉPARATION 00:05

POUR 1 GRAND VERRE

1 poire

150 g de raisin noir

100 g de mûres

Coupez la poire en quartiers et égrainez le raisin.

Passez les mûres, les morceaux de poire et les grains de raisin à l'extracteur de jus en les alternant.

Ce jus est une bonne source de substances flavonoïdes, connues pour jouer un rôle favorable dans la prévention des maladies cardiovasculaires.

Jus de poivron, pomme et carotte

DÉTOX

PRÉPARATION 00:05

POUR 1 GRAND VERRE

1 poivron rouge

1 carotte

1 pomme

Épépinez le poivron et coupez-le en morceaux.

Coupez la carotte en tronçons et la pomme en quartiers.

Passez le tout à l'extracteur de jus.

Attention, le poivron est l'un des légumes les plus atteints par les pesticides. Prenez garde à le choisir bio !

Jus de carotte, pomme et gingembre

DÉTOX

PRÉPARATION 00:05

POUR 1 GRAND VERRE

300 g de carottes
3 pommes
1 cm de gingembre frais

Coupez les carottes en tronçons, les pommes en morceaux.

Pelez le gingembre.

Passez le tout à l'extracteur de jus.

Prenez bien soin de conserver la pulpe du jus pour l'incorporer dans des muffins (voir p. 148).

Jus de pomme chaud aux épices

GOURMAND

PRÉPARATION 00:05
INFUSION 00:12

POUR 1 GRAND VERRE

3 pommes
1/2 citron
1 bâton de cannelle
2 clous de girofle

Coupez les pommes en quartiers, épluchez le citron et coupez-le en morceaux.

Passez-les à l'extracteur de jus.

Versez le jus obtenu dans une casserole et ajoutez le bâton de cannelle et les clous de girofle.

Faites chauffer à feu très doux et laissez infuser 10 minutes.

Retirer la cannelle et les clous de girofle, puis dégustez bien chaud.

Ce jus chaud aux douces saveurs sera l'allié idéal de vos longues soirées automnales.

Muffins vegan de carotte et pomme

GOURMAND

PRÉPARATION 00:15
CUISSON 00:20

POUR 12 MUFFINS

- 200 g de pulpe de jus de carotte, pomme et gingembre (voir p. 144)
- 200 g de farine
- 1 sachet de poudre à lever
- 100 g de sucre
- 15 cl de lait d'amande
- 8 cl d'huile de tournesol
- 30 g de raisins secs

Préchauffez le four à 180 °C.

Mélangez la pulpe, la farine, la poudre à lever et le sucre.

Ajoutez le lait d'amande et l'huile de tournesol.

Incorporez les raisins secs et versez la pâte dans des moules à muffins.

Enfournez pour 20 minutes.

> Pour éviter toute mauvaise surprise, ôtez la queue des pommes avant d'en extraire le jus. Ainsi, cette dernière ne se retrouvera pas dans vos muffins !

Jus d'orange, pomme et carotte

ÉNERGÉTIQUE

PRÉPARATION 00:05

POUR 1 GRAND VERRE

2 oranges
2 pommes
2 carottes

Épluchez les oranges et coupez-les en quartiers.

Coupez les pommes et les carottes en morceaux.

Passez le tout à l'extracteur de jus.

Prenez bien soin de conserver la pulpe du jus pour l'incorporer dans des pancakes (voir p. 152).

Pancakes

GOURMAND

PRÉPARATION 00:15
CUISSON 00:12

POUR XX PERSONNES

150 g de farine
30 g de sucre
1 cuill. à café de poudre à lever
1 œuf
25 cl de lait
1 cuill. à soupe d'huile de tournesol
150 g de pulpe de jus d'orange, pomme et carotte (voir p. 150)

Dans un saladier, mélangez la farine, le sucre et la poudre à lever.

Faites un puits, cassez-y l'œuf et ajoutez-y le lait et l'huile de tournesol.

Mélangez bien, puis incorporez la pulpe de manière à obtenir une pâte homogène.

Faites chauffer une poêle huilée et faites-y cuire des cuillerées de pâte à feu moyen.

Retournez les pancakes au bout de quelques minutes, lorsque de bulles commencent à apparaître à la surface.

Dégustez accompagné de sirop d'érable, de miel, de confiture, de pâte à tartiner…

Moelleux au chocolat et à la pulpe de betterave

GOURMAND

PRÉPARATION 00:20
CUISSON 00:45

POUR 6 PERSONNES

200 g de chocolat
100 g de beurre
2 œufs
150 g de sucre
50 g de farine
50 g de pulpe de jus de betterave

Préchauffez le four à 150 °C.

Faites fondre le chocolat et le beurre au bain-marie.

Dans un saladier, fouettez les œufs et le sucre, puis ajoutez-y le chocolat et le beurre fondu.

Mélangez bien, puis incorporez la farine et la pulpe de betterave.

Mélangez jusqu'à obtenir un mélange homogène.

Beurrez et farinez un moule à manqué et versez-y la pâte.

Enfournez pour 45 minutes.

La betterave apporte une texture moelleuse et fondante à ce gâteau. Mettez au défi vos invités d'y reconnaître le goût de ce légume !

Hiver

Jus multivitaminé orange, citron, pomme et carotte

ÉNERGÉTIQUE

PRÉPARATION 00:05

POUR 1 GRAND VERRE

1 orange
1/4 de citron
1 pomme
1 carotte

Épluchez l'orange et le citron.

Coupez la pomme en quartiers et la carotte en tronçons.

Passez le tout à l'extracteur de jus.

Un jus bourré de vitamines, idéal au petit-déjeuner !

Jus de betterave, chou rouge, pomme et gingembre

DÉTOX

PRÉPARATION 00:05

POUR 1 GRAND VERRE

1 betterave

1 petite orange

1/4 de chou rouge

1 pomme

1 cm de gingembre frais

Épluchez la betterave et l'orange.

Coupez-les en morceaux ainsi que le chou rouge et la pomme.

Pelez le gingembre.

Passez le tout à l'extracteur de jus.

Avec la présence du chou rouge et du gingembre, ce jus est relativement fort. Pour un jus moins corsé, ajoutez une pomme et supprimez le gingembre.

Jus d'ananas et vanille

DÉTOX

PRÉPARATION 00:05

POUR 1 GRAND VERRE

1/4 d'ananas

vanille en poudre

Pelez l'ananas et coupez-le en morceaux.

Passez-les à l'extracteur de jus.

Ajoutez un peu de vanille en poudre pour obtenir un parfum encore plus exotique.

Pour un jus gourmand, ajoutez un peu de lait de coco.

Jus de panais et carotte

DÉTOX

PRÉPARATION 00:05

POUR 1 GRAND VERRE

2 carottes
1/2 panais
1 cm de gingembre frais
1 cm de curcuma frais

Coupez les carottes et le panais en morceaux.

Pelez le gingembre et le curcuma.

Passez le tout à l'extracteur de jus en les alternant.

Le panais apporte à ce jus une consistance onctueuse et très douce tandis que les épices en font une boisson riche en antioxydants.

Jus de pomme et kale

DÉTOX

PRÉPARATION 00:05

POUR 1 GRAND VERRE

3 pommes
4 feuilles de chou kale

Coupez les pommes en quartiers et lavez les feuilles de chou kale.

Passez le kale à l'extracteur de jus, puis les morceaux de pomme.

Le chou kale est un superaliment et l'un des végétaux les plus riches en vitamines et minéraux que l'on puisse trouver. Profitez de ses bienfaits dans ce délicieux jus !

Jus d'ananas et radis

DÉTOX

PRÉPARATION 00:05

POUR 1 GRAND VERRE

1/4 d'ananas
6 radis
3 brins de persil

Pelez l'ananas, puis coupez la chair en morceaux.

Lavez les radis.

Passez le tout à l'extracteur de jus en alternant avec le persil.

Selon vos goûts, vous pouvez choisir d'intégrer les fanes de radis à votre jus.

Jus de carotte et gingembre

ÉNERGÉTIQUE

PRÉPARATION 00:05

POUR 1 GRAND VERRE

3 carottes

1 cm de gingembre frais

Coupez les carottes en tronçons et pelez le gingembre.

Passez le tout à l'extracteur de jus.

Vous pouvez mettre plus ou moins de gingembre selon vos goûts.

Jus de chou rouge et céleri

DÉTOX

PRÉPARATION 00:05

POUR 1 GRAND VERRE

1/2 chou rouge

1/2 citron

2 branches de céleri

Coupez le chou rouge et le citron (non épluché) en morceaux et le céleri en tronçons.

Passez le tout à l'extracteur de jus.

Le chou rouge, avec sa saveur un peu piquante, est un légume de choix pour passer l'hiver. Il vous aide à faire le plein de vitamines et à lutter contre les petits rhumes et les baisses d'énergie.

Jus de chou-fleur, pomme et curcuma

DÉTOX

PRÉPARATION 00:05

POUR 1 GRAND VERRE

100 g de fleurettes de chou-fleur

2 pommes

1 cm de curcuma frais

Coupez la pomme en morceaux et pelez le curcuma.

Passez-les à l'extracteur de jus en les alternant.

Le chou-fleur contient de nombreux antioxydants. Associé au curcuma frais, il donnera un jus santé, riche en vitamines et en minéraux.

Cocktail de brocoli, pomme, céleri, citron et gingembre

DÉTOX

PRÉPARATION 00:05

POUR 1 GRAND VERRE

50 g de brocoli
1 pomme
1 branche de céleri
1/2 citron
1 cm de gingembre frais

Lavez le brocoli et coupez-le en fleurettes.

Coupez la pomme, le céleri et le citron (non épluché) en morceaux.

Pelez le gingembre.

Passez le tout à l'extracteur de jus en les alternant.

Ce jus est composé de superaliments comme le brocoli ou le gingembre, qui en font un supercocktail, riche en vitamines, minéraux et antioxydants !

Cocktail exotique

GOURMAND

PRÉPARATION 00:05

POUR 1 GRAND VERRE

1/2 mangue

1/4 d'ananas

1 fruit de la Passion

Épluchez la mangue et l'ananas, puis coupez-les en morceaux.

Coupez le fruit de la Passion en deux et récupérez-en la pulpe à l'aide d'une cuillère.

Passez le tout à l'extracteur de jus.

Ajoutez un peu d'eau de coco si le jus obtenu vous semble trop épais.

Jus de pomme, orange, grenade et céleri

DÉTOX

PRÉPARATION 00:05

POUR 1 GRAND VERRE

1 pomme
1 branche de céleri
1 orange
1 grenade

Coupez la pomme en quartiers et le céleri en tronçons.

Épluchez l'orange et coupez-la en quartiers.

Prélevez les graines de grenade.

Passez les morceaux de fruits et légumes à l'extracteur de jus en les alternant.

Pour prélever facilement les graines de grenade, entaillez légèrement le fruit de manière à dessiner quatre quartiers. Plongez la grenade dans un grand saladier rempli d'eau fraîche et ouvrez-la à la main. Les graines coulent ainsi au fond du saladier pendant que les déchets remontent à la surface.

Jus de carotte, pamplemousse et gingembre

ÉNERGÉTIQUE

PRÉPARATION 00:05

POUR 1 GRAND VERRE

1 pamplemousse

1 cm de gingembre frais

3 carottes

Épluchez le pamplemousse et le gingembre.

Coupez les carottes en tronçons et le pamplemousse en morceaux.

Passez le tout à l'extracteur de jus.

En plus d'être bourrés de vitamines, ce jus possède des propriétés anti-inflammatoires grâce aux flavonoïdes présents dans le pamplemousse.

Jus de pomme, canneberge et gingembre

DÉTOX

PRÉPARATION 00:05

POUR 1 GRAND VERRE

200 g de canneberges

2 pommes

1 cm de gingembre frais

Si vous utilisez des canneberges surgelées, sortez-les du congélateur quelques heures avant de réaliser le jus.

Coupez les pommes en quartiers et pelez le gingembre.

Passez le tout à l'extracteur de jus.

Les canneberges sont connues pour lutter contre les infections urinaires. N'hésitez donc pas à consommer ce jus en grande quantité si vous êtes sujet à ces problèmes.

Jus d'orange, betterave, carotte et gingembre

ÉNERGÉTIQUE

PRÉPARATION 00:05

POUR 1 GRAND VERRE

2 oranges
1/2 betterave
1 cm de gingembre frais
2 carottes

Épluchez les oranges, la betterave et le gingembre.

Coupez tous les fruits et légumes en morceaux.

Passez-les à l'extracteur de jus en les alternant.

Lavez votre extracteur tout de suite après avoir réalisé ce jus pour éviter que la betterave ne le colore.

Jus de pomme, céleri et persil

DÉTOX

PRÉPARATION 00:05

POUR 1 GRAND VERRE

2 pommes
2 branches de céleri
2 brins de persil

Coupez les pommes en quartiers et le céleri en tronçons.

Passez le tout à l'extracteur de jus avec le persil en les alternant.

La vitamine C contenue dans le jus de persil favorise l'absorption du fer présent dans ce dernier. N'hésitez pas à ajouter quelques brins de persil dans vos différents cocktails.

Jus de pomme, grenade et agrumes

ÉNERGÉTIQUE

PRÉPARATION 00:05

POUR 1 GRAND VERRE

1/2 pamplemousse
1 orange
1 pomme
1/2 grenade

Épluchez le pamplemousse et l'orange.

Coupez la pomme en morceaux et prélevez les graines de grenade.

Passez le tout à l'extracteur de jus en les alternant.

Ce jus extrêmement riche en vitamines vous offrira un réveil énergétique si vous le consommez dès le petit-déjeuner !

Jus de carotte, kiwi, clémentine et orange

ÉNERGÉTIQUE

PRÉPARATION 00:05

POUR 1 GRAND VERRE

1 carotte
1 kiwi
1 clémentine
1 orange

Coupez la carotte en tronçons et épluchez le kiwi, la clémentine et l'orange.

Passez le tout à l'extracteur de jus en les alternant.

Idéal pour l'hiver, ce jus vous aidera à renforcer votre système immunitaire et ainsi à lutter contre les petits désagréments hivernaux.

Jus de betterave, agrumes et gingembre

DÉTOX

PRÉPARATION 00:05

POUR 1 GRAND VERRE

1/2 betterave

1 pamplemousse

1 orange

1 cm de gingembre frais

Épluchez la betterave, le pamplemousse, l'orange et le gingembre.

Coupez le tout en morceaux et passez-les à l'extracteur de jus.

Lavez votre extracteur tout de suite après avoir réalisé ce jus pour éviter que la betterave ne le colore.

Jus d'orange, fenouil et gingembre

ÉNERGÉTIQUE

PRÉPARATION 00:05

POUR 1 GRAND VERRE

2 oranges

1 cm de gingembre frais

1/2 bulbe de fenouil

Épluchez les oranges et le gingembre, puis coupez le fenouil en morceaux.

Passez le tout à l'extracteur de jus en terminant par le fenouil.

Comme le fenouil est un légume très fibreux, coupez-le en tout petits morceaux pour ne pas bloquer votre appareil.

Jus de carotte, pomme, pamplemousse et citron

ÉNERGÉTIQUE

PRÉPARATION 00:05

POUR 1 GRAND VERRE

2 carottes
2 pommes
1 pamplemousse
1 citron

Coupez les carottes et les pommes en morceaux.

Épluchez le pamplemousse et coupez-le en quartiers.

Coupez le citron (non épluché) en morceaux.

Passez le tout à l'extracteur de jus en les alternant.

Ne pas éplucher le citron vous permet de conserver toutes les vitamines présentes dans son écorce. Attention cependant à choisir un citron bio !

Jus de pomme, carotte et ananas

DÉTOX

PRÉPARATION 00:05

POUR 1 GRAND VERRE

2 carottes
1 pomme
150 g d'ananas
1/2 citron

Coupez les carottes en tronçons et la pomme, l'ananas et le citron (non épluché) en morceaux.

Passez le tout à l'extracteur de jus en les alternant.

La broméline contenue dans l'ananas aurait des effets bénéfiques sur les systèmes cardiovasculaire et respiratoire. Ce délicieux jus est donc à consommer sans modération !

Jus de pomme et navet

DÉTOX

PRÉPARATION 00:05

POUR 1 GRAND VERRE

2 pommes
1/2 navet

Coupez les pommes et le navet en morceaux.

Passez le tout à l'extracteur de jus en les alternant.

Le navet est très riche en eau et est donc bien adapté pour les jus. N'hésitez pas à l'intégrer à vos différents mélanges, il contient de nombreux minéraux et oligo-éléments.

Jus de papaye, carotte et orange

DÉTOX

PRÉPARATION 00:05

POUR 1 GRAND VERRE

1/2 papaye
2 carottes
1 orange

Coupez la papaye et les carottes en morceaux, puis épluchez l'orange.

Passez le tout à l'extracteur de jus en les alternant.

Pour profiter au maximum de son pouvoir antioxydant, choisissez une papaye bien mûre.

Jus d'orange aux épices

GOURMAND

PRÉPARATION 00:05

POUR 1 GRAND VERRE

2 oranges
1 cm de gingembre frais
1 pincée de cannelle
1 pincée de cardamome

Épluchez les oranges et coupez-les en morceaux.

Pelez le gingembre.

Passez les oranges et le gingembre à l'extracteur de jus.

Ajoutez la cannelle et la cardamome au jus obtenu.

Mélangez bien.

Selon vos goûts, vous pouvez plus ou moins charger ce jus en épices.

Nectar de banane, ananas, mangue et coco

GOURMAND

PRÉPARATION 00:05

POUR 1 GRAND VERRE

1 banane
1/2 mangue
1 tranche d'ananas
10 cl de lait de coco

Installez le tamis à gros trous sur l'extracteur de jus.

Épluchez la banane, la mangue et pelez l'ananas.

Coupez tous ces fruits en morceaux, puis passez-les à l'extracteur de jus.

Terminez par le lait de coco.

Si le jus contient trop de pulpe à votre goût, n'hésitez pas à le filtrer.

Jus d'agrumes

ÉNERGÉTIQUE

PRÉPARATION 00:05

POUR 1 GRAND VERRE

1/2 pamplemousse
1/2 citron
1 orange
2 clémentines

Épluchez tous les agrumes et coupez-les en morceaux.

Passez-les à l'extracteur de jus.

Vous obtenez un délicieux jus du matin très riche en vitamine C.

Cocktail d'endive, pomme et carotte

DÉTOX

PRÉPARATION 00:05

POUR 1 GRAND VERRE

2 carottes
1 pomme
6 feuilles d'endive

Coupez les carottes, la pomme et les feuilles d'endive en morceaux.

Passez le tout à l'extracteur de jus en les alternant.

L'endive cumule de nombreux atouts nutritionnels et apportera une délicate amertume à vos jus.

Lait de noisette

PRÉPARATION 00:05
TRÉMPAGE 12:00

POUR 1 L

120 g de noisettes
1 l d'eau minérale

Faites tremper les noisettes toute une nuit dans de l'eau froide.

Égouttez-les.

Passez les noisettes à l'extracteur de jus tout en versant l'eau minérale.

Le lait de noisette s'écoule ainsi directement.

Pensez à garder l'okara (les « déchets » du lait de noisette) pour l'utiliser dans des recettes (voir p. 196).

Lait d'amande

PRÉPARATION 00:05
TREMPAGE 12:00

POUR 1 L

120 g d'amandes
1 l d'eau minérale
1 cuill. à soupe de sirop d'agave (facultatif)

Faites tremper les amandes toute une nuit dans de l'eau froide.

Égouttez-les.

Passez les amandes à l'extracteur de jus tout en versant l'eau minérale.

Le lait d'amande s'écoule ainsi directement.

Si vous préférez un lait d'amande légèrement sucré, ajoutez-y un peu de sirop d'agave.

Pensez à garder l'okara (les « déchets » du lait d'amande) pour l'utiliser dans des recettes (voir p. 194).

Cookies à l'okara d'amande

PRÉPARATION 00:15
TREMPAGE 00:10

POUR 8 COOKIES

100 g d'okara d'amande
100 g de farine
60 g de sucre
1/2 sachet de poudre à lever
4 cl d'huile de tournesol
50 g de pépites de chocolat

Préchauffez le four à 180 °C.

Mélangez l'okara d'amande, la farine, le sucre et la poudre à lever.

Ajoutez l'huile de tournesol et mélangez jusqu'à obtenir une pâte homogène.

Incorporez les pépites de chocolat.

Sur une plaque recouverte de papier sulfurisé, déposez des boules de pâte et aplatissez-les légèrement.

Enfournez pour 10 minutes.

Ces cookies vegans sont délicieusement moelleux grâce à l'okara d'amande qu'ils contiennent et qui apporte en plus une délicate saveur.

Crêpes à l'okara de noisette

PRÉPARATION 00:10
CUISSON 00:15

POUR 10 CRÊPES

100 g d'okara de noisette

150 g de farine

50 g de sucre

2 œufs

50 cl de lait de noisette (ou de vache)

1 cuill. à soupe d'huile de tournesol

Dans un saladier, mélangez l'okara de noisette, la farine et le sucre.

Ajoutez les œufs, puis versez le lait et l'huile de tournesol tout en remuant à l'aide d'un fouet.

Mélangez jusqu'à obtenir une consistance parfaitement homogène.

Huilez une poêle antiadhésive et faites-la chauffer.

Versez-y une louche de pâte et faites cuire environ 2 minutes de chaque côté.

Répétez l'opération jusqu'à épuisement de la pâte.

Ces crêpes sont également déclinables avec de l'okara d'amande ou encore de noix de cajou.

Index par ingrédient

Potiron

Prune

Pruneau

Radis

Radis noir

Raisin

Rhubarbe

Roquette

Thé matcha

Thé vert

Direction de la publication : Isabelle Jeuge-Maynart et Ghislaine Stora
Direction Éditoriale : Émilie Franc
Édition : Alice Dauphin
Couverture : Maëva Lebègue
Conception graphique : Anna Bardon et Lucile Jouret
Mise en page : Lucile Jouret
Informatique éditoriale : Philippe Cazabet
Fabrication : Donia Faiz

Les Éditions Larousse utilisent des papiers composés de fibres naturelles, renouvelables, recyclables et fabriquées à partir de bois issus de forêts qui adoptent un système d'aménagement durable. En outre, les Éditions Larousse attendent de leurs fournisseurs de papier qu'ils s'inscrivent dans une démarche de certification environnementale reconnue.

PAPIER À BASE DE FIBRES CERTIFIÉES

LAROUSSE s'engage pour l'environnement en réduisant l'empreinte carbone de ses livres. Celle de cet exemplaire est de : 950 g éq. CO_2
Rendez-vous sur www.larousse-durable.fr

ISBN : 978-2-03-593418-5

Photogravure : IGS
Imprimé en Espagne par Graficas Estella
Dépôt légal : mai 2017
318975/05 – 11038506 – mars 2018